고객의 행동을 유도하는

인스타그램
사진 잘 찍는 법

사진 한 장으로 네이버 메인, 아마존 1등 상품 가능합니다!

고객의 행동을 유도하는
인스타그램
사진 잘 찍는 법

박찬준 지음

나비의 활주로

인스타그램은 사진과 동영상을 공유하는 SNS로, 많은 사람이 사소한 개인 일상도 공유하지만, 퍼스널 브랜딩이 대세인 시대인 만큼, 자신이 하는 일과 비즈니스를 알리고 홍보하는 등 다양한 영역에서 활용되는 전 세계적인 플랫폼입니다.

숏폼 영상이 인기를 끌면서 인스타그램 릴스 역시 많은 사람이 제작하고 업로드하지만 그래도 '사진'이 인스타그램의 메인 콘텐츠임에는 부정할 수 없는 사실이며, 하루에도 수백만 장 이상의 사진들이 인스타그램에 업로드되고 있습니다.

그러나 수백만 장의 사진 중 대다수가 매력적이지 않고 '좋아요'를 많이 받지 못하는 퀄리티가 떨어지는 사진이라면, 나를 알리고 나의 브랜드를 홍보하는 데 효과가 떨어지게 됩니다. 그래서 이 책에서는 스마트폰으로 인스타그램에서 '좋아요'가 많이 눌리는 성공적인 사진을 찍고 올리는 방법에 대해 알아보려 합니다.

먼저 인스타그램의 기본인 피드를 꾸미고 해시태그를 활용하는 방법부터 시작합니다. 여기서는 피드의 일관성과 레이아웃을 구성하는 방법과, 관련된 해시태그를 사용하여 더 많은 사람이 나의 게시물을 보게 하는 방법을 알려 드릴 것입니다.

다음으로, 인물사진, 음식사진, 풍경사진 등 다양한 카테고리의 사진을 찍을 때 렌즈를 선택하는 방법과, 빛과 조명을 설정하는 방법에 대해 살펴봅니다. 이를 통해 사진의 감성과 아름다움을 극대화하여 눈길을 사로잡는 인스타그램 게시물을 만들 수 있게 됩니다.

또한 카테고리별로 좋은 구도를 잡는 법에 대해서도 자세히 알아봅니다. 사진의 배경과 주제를 어떻게 배치하고 적절한 각도를 찾아내는지에 대한 노하우를 배워 전문가처럼 사진을 찍을 수 있게 됩니다.

마지막으로, 스마트폰 어플을 이용하여 사진에서 가장 중요한 보정 작업을 손쉽게 하는 방법을 소개합니다. 사진의 색감과 명암을 조절하면서 완성도 있는 게시물을 만들 수 있게 될 것입니다.

이 책을 통해 인스타그램의 세계에 뛰어들어 사진을 잘 찍고 '좋아요'를 더 많이 받는 법을 배워 보세요. 인스타그램 사진 마스터가 되어 더 많은 사람과 소통하고 나를 홍보하며 운영해 나가길 바랍니다.

CONTENTS

photograph ···

CHAPTER 1

345.532 views

피드 구성 방법
해시태그
가로 사진 아니면 세로 사진, 뭐가 더 효과적일까?
좋은 사진 찾는 법

사진을 찍기 전
인스타그램을 먼저 알자

피드 구성 방법

FEED #1

인스타그램에서 사용하는 용어인 피드란 'feed: 음식을 먹이다'에서 가져와 온라인 매체에서 무언가 콘텐츠를 공급한다는 의미로 사용되고 있다.

사진 위주로 소통하는 SNS인 인스타그램에서 내 사진을 올리면 시간 순서대로, 3X3 형태의 모양으로 배치된다. 이런 점을 생각하지 않고 그냥 올릴 수도 있겠지만 잠재고객들이 내 계정에 들어왔을 때 어떻게 하면 좀 더 보기 편하고, 직관적으로 볼 수 있을지를 고민해 사진을 배치하는 것이 중요하다.

작가의 경우 소싯적에 플로리스트 생활을 잠깐 한 적이 있었는데 그 당시 일일 3피드 게시를 하며 플로리스트 계정을 운영했었다. 그때 썼던 방법이 3줄 법칙인데 다음과 같이 왼쪽 줄은 오늘 만든 작품 또는 오늘의 꽃 콘텐츠, 가운뎃줄은 고객 후기 또는 일상 콘텐츠, 오른쪽 줄은 꽃을 든 셀카 콘텐츠로 기획하고 업로드했다. 그 결과 피드가 정돈돼 깔끔해 보이고, 고

객들이 꽃 주문을 하고자 작품을 찾아볼 때도 어느 줄에서 봐

야 할지 직관적으로 와 닿아 편하다는 평을 받았었다.

　현재 운영하는 스튜디오 계정 역시 같은 모델 사진을 3장씩 올려 피드를 맞추고 정돈하고 있으며, 고객들이 편하게 직관적으로 우리 브랜드를 탐색할 수 있게끔 하고 있다.

　작가가 소개한 3줄 법칙이 아니더라도 어떻게 하면 고객들이 재밌고 편안하게 볼 수 있도록 피드를 구성하고 정돈할지를 고민해 보길 권한다.

해시태그

지금 이 순간에도 인스타그램상에는 수많은 게시물이 업로드
되고 있다. 방대한 게시물 속에서 내가 올린 콘텐츠가 사람들
에게 검색되고 노출이 되려면 어떤 주제인지 식별이 돼야 하
는데, 그것을 쉽게 알려 주는 것이 해시태그다.

　해시태그는 특정 키워드 앞에 '#' 기호를 붙여 사용하는 것으
로 다음과 같이 검색 탭에 원하는 키워드를 입력하면 기존에
사용되는 해시태그와 해당 태그에 몇 개의 게시물이 포함돼
있는지를 알 수 있다.

　인스타그램을 시작한 지 얼마 되지 않았다면 게시물을 업로드할 때 경쟁도가 높고 범위가 넓은 해시태그를 입력하는 것보다 범위를 좁혀 해시태그를 사용하는 것이 좋다. 예를 들어 '풍경사진'이라고 입력하는 것보단 '풍경사진 찍기'로, '음식사진'보다는 '음식사진 그램'으로 게시물 수가 적고 경쟁도가 낮은 해시태그를 입력하는 것이 게시물 노출에 있어서 더 나을 수 있다.

가로 사진 아니면 세로 사진, 뭐가 더 효과적일까?

FEED #3

인스타그램에 업로드하고 피드를 구성하기 전 촬영할 때부터 생각해 둬야 하는 부분이 바로 사진을 가로로 찍을 것인지 아니면 세로로 찍을 것인지다.

자, 에펠탑을 찍은 사진 두 장이 있는데 인스타그램에 업로드했을 때 어떤 사진이 더 나을지 각자 느낌대로 하나 선택해 보자.

1

2

불꽃이 더 크게 터지고 가로로 넓어 시원하다며 1번을 선택한 사람이 있을 것이고, 2번 사진이 1번 사진에 비해 심플하고 에펠탑이 더 잘 보인다는 사람도 있을 것이다.

1번과 2번 두 사진의 차이점은 앞에서 말한 대로 에펠탑 주변부의 불꽃이 많고 적음, 화려함과 심플함이라는 것도 있지만 가장 큰 차이는 바로 가로 또는 세로다. 어떤 사진이 더 낫다 또는 좋다는 건 보는 눈에 따라 달라질 수 있기에 정답은 없지만 인스타그램에 업로드했을 때 사람들 눈에 좀 더 잘 들어오고 사람들이 오래 머물게 하는지를 놓고 생각하며 다시 바라본다면, 2번 세로 사진이 좀 더 나은 사진이라 얘기할 수 있다.

가로로 긴 16:9 비율을 가진 모니터 또는 TV로 사진을 바라볼 때는 1번이 더 크고 시원하게 눈에 잘 들어오겠지만, 스마트폰으로 본다면 얘기가 달라진다. 대다수 사람이 인스타그램을 PC보다는 스마트폰에서 많이 이용하고 스마트폰 화면이 세로로 긴 비율을 가지고 있기에 다음 사진과 같이 2번 세로 사진이 1번 가로 사진보다 더 커 보이고, 그렇기에 조금은 더 사람들의 눈이 오래 머무르는 사진이 될 것이다.

모든 사진을 꼭 세로로 촬영해야 하는 법은 없지만 이런 이유로, 조금이라도 더 눈에 띄고 오래 노출되며, '좋아요'가 많이 눌리는 콘텐츠로 만들고자 한다면 세로로 촬영할 것을 추천한다.

가로 사진

세로 사진

좋은 사진 찾는 법

FEED #4

사진을 잘 찍기 위해선 많이 찍는 것이 중요하지만 사진이란 시각적인 콘텐츠이기에 많이 보는 것 또한 너무나도 중요하다. 그리고 자신이 좋아하는 스타일의 사진이 어떤 것인지 찾기 위해서도 많이 보아야 하는데, 보는 것도 아무거나 보는 것이 아닌 퀄리티가 높은, '좋아요'가 많이 눌리는 사진들을 보고 눈을 업그레이드해 나가면서 스타일을 찾아가야 한다.

본인은 사진을 업으로 하는 사람이기에 수시로 매거진이나 온라인상에서 사진을 찾고 살펴보는데 이를 위해 가장 많이 이용하는 플랫폼 역시 인스타그램이다.

앞에서도 설명했듯이 인스타그램은 사진으로 소통하는 SNS이기에 수많은 사진이 지금 이 순간에도 업로드되고 있고, 국내외를 막론한 유명 포토그래퍼 역시 자신들의 작품을 업로드하는 창구이기 때문이다.

찾는 방법은 매우 단순하다. 예를 들어 음식사진을 검색하고자 한다면 인스타그램 검색 탭에서 '#음식사진'을 검색하거나 너무 방대하다면 좀 더 쪼개서 '#음식사진 촬영'으로 검색한 다음, 태그 카테고리로 넘어가 해당 키워드를 선택한 후 나열되는 사진 중에서 어떤 사진이 마음에 드는지 탐색해 본다.

사진을 골랐다면 사진을 올린 계정으로 들어가서 해당 아이
콘을 누르면

대개 높은 확률로 해당 계정과 비슷한 톤과 콘셉트의 콘텐
츠를 가진 계정들을 추천해 준다. 이런 식으로 좋아하는 스타
일의 계정들을 팔로우해 주기적으로 살펴보고, 맘에 드는 사

진이 있다면 게시물 하단에 있는 저장 탭을 이용해 저장해 놓고 추려 가면서, 자신이 좋아하는 스타일이 어떤 것인지 찾아가길 바란다.

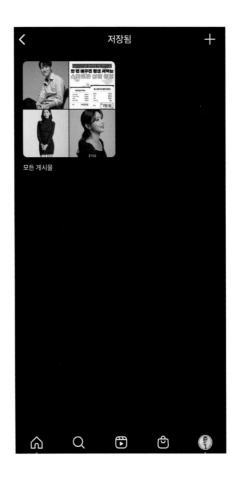

모든 게시물

photograph

345.532 views

인물사진을 위한 카메라 렌즈 선택(카메라 & 스마트폰)
인물사진을 위한 최적의 빛 & 조명
인물사진을 위한 구도 잡는 법
구도 법칙

'좋아요'가 많이 눌리는 인물사진 잘 찍는 방법

인물사진을 위한 렌즈 선택

FEED #1

개인이 브랜드가 되는 요즘, 인스타그램상에서 브랜딩을 하기 위한 필수 콘텐츠 중 하나가 바로 프로필 사진이다. 사람들에게 내 게시물 이전에 가장 먼저 보이는 이미지인 만큼 어떻게 담아내느냐가 매우 중요하다. 또한 인스타그램에서 가장 많이 업로드되는 콘텐츠가 인물사진이기도 하다. 프로필 사진이든 일상의 내 모습이든 원하는 느낌을 연출하고자 할 때 생각해야 하는 첫 번째 요건이 바로 렌즈 선택이다.

렌즈는 광각렌즈, 표준렌즈, 망원렌즈, 이렇게 세 종류로 나뉘는데, 이는 카메라뿐만 아니라 스마트폰에도 적용된다. '아이폰 X'이 출시된 2018년도부터 출시되는 스마트폰에는 카메라 렌즈가 기본 2개 이상, 플래그십 기종으로 넘어가면 3개의 렌즈가 탑재되어 나온다.

스마트폰은 기본으로 탑재된 렌즈가 초점 거리 26mm의 화각을 가진 광각렌즈이며 2개의 렌즈가 딸려 나오는 기종의 경우 보통 기본 광각렌즈와 13mm의 화각을 가진 초광각렌즈가 탑재된다. 렌즈가 3개인 경우는 위 2개의 렌즈와 좁은 화각을 가진 망원렌즈가 추가된다. 나를 어떤 모습으로 표현하고 싶은가에 따라 렌즈를 선택하면 된다.

광각렌즈부터 망원렌즈까지 각 특징과 느낌을 알아보도록 하자.

우선 광각렌즈는 사람의 시야보다 바라보는 범위가 넓은데 이를 '화각이 넓다'라고 표현하며, 가장 큰 특징이 왜곡이 심하다는 점이다. 여기서 말하는 왜곡이란, 렌즈에서 가까운 부분은 실제보다 더 커 보이고 멀리 있는 부분은 실제보다 더 작아 보이는 것이다.

다음 사진을 예로 들자면 얼굴에서 가장 앞에 있는 코는 실제보다 크게 나오고, 상대적으로 뒤에 있는 귀와 어깨 부분이 실제보다 작게 나오기에 전체적으로 얼굴은 크고 몸은 작게 촬영되어 코믹하고 우스꽝스럽게 보인다.

광각렌즈로 촬영한 사진   망원렌즈로 촬영한 사진

이와 같은 느낌을 주고 싶다면 사용해도 되지만 또 이런 이유로 해서 프로필용으로는 거의 사용되지 않는다. 광각렌즈로 인물을 담고자 할 때는 배경이 주가 되며 인물은 전신으로 작게 나오는 풀샷 형태의 사진을 담을 때 사용된다.

광각렌즈로 인물 촬영한 예시

이런 식으로 인물이 많고 전신인 경우, 또 배경을 부각하고 싶은 경우에 광각렌즈를 주로 사용한다.

카메라 기준 초점거리 35mm 이하부터 광각렌즈로 구분되며, 스마트폰의 경우 조금씩 상이할 수 있으나 줌 배율 기준

1.0x 이하부터 광각렌즈다. 그러므로 기본 카메라를 실행했을 때 줌을 당기지 않고 기존 상태로 촬영하거나 줌아웃해서 찍을 경우 광각렌즈로 촬영된다.

다음으로 표준렌즈는 우리가 맨눈으로 바라보는 시선과 가장 흡사한 화각을 가진 렌즈로 프로필 촬영 때, 야외에서 스냅 사진 촬영 때 사용되는 렌즈다. 무난한 것이 특징이어서 더할 나위 없이 깔끔하고 평범한 사진을 건질 수 있다. 카메라 기준 초점거리 40 ~ 60mm를 가진 것이 표준렌즈이며 스마트폰의 경우 줌 배율 1.5x ~ 2.0x 정도라고 생각하면 된다.

표준렌즈

표준렌즈로 인물 촬영한 예시

또한 표준렌즈는 카메라에 입문하고자 할 때 인물, 풍경, 제품에 두루두루 범용도 있게 많이 사용된다. 입문용으로 추천하는 렌즈는 가볍고 휴대성이 좋으며 가격이 저렴한 축에 속하는 50.8 렌즈이며, 소니 풀프레임 미러리스 기준 SONY 알파 FE 50mm F1.8이 있다.

마지막으로 프로필 촬영을 위해 인물을 예쁘게 찍을 때, 즉 인물 촬영에 특화된 렌즈인 망원렌즈가 있다.

광각에서 망원으로 갈수록 화각이 좁아져 왜곡 현상도 점차 없어지는데 얼굴의 가장 앞부분과 뒷부분의 차이가 거의 없이 압축되어 코를 작아 보이게 하고, 눈을 더 예쁘게 만들어 주며, 망원렌즈의 특징 중 하나인 얕은 심도 덕분에 일명 아웃포커싱 효과가 많이 일어나 배경의 초점이 흐려진다. 결국 광각렌즈, 표준렌즈에 비해 인물에 집중도가 올라가고 예쁘고 멋있

게 촬영된다.

카메라의 경우 초점거리 70mm 이상부터 망원렌즈로 분류
되며, 스마트폰은 줌 배율 2.0x 이상부터 망원렌즈라고 생각하
면 된다. 그래서 아이폰의 경우, 인물사진 모드로 전환하면 기
본 카메라보다 줌이 당겨진 것을 확인할 수 있는데 이는 렌즈
가 망원렌즈로 변환되기 때문이다.

본인도 스튜디오 내에서 프로필 촬영을 진행할 때 가장 애
용하는 렌즈는 70 ~ 200mm 렌즈이고, 특별한 연출이 들어가
지 않는 이상 클로즈업 샷은 이 렌즈로 인물을 담아낸다.

망원렌즈

망원렌즈로 촬영한 예시

또한 낮은 조리갯값으로 뒷배경을 더욱 흐리게 만들고 드라
마틱한 느낌을 연출하고자 할 때는 일명 '여친렌즈'(여자친구를
예쁘게 담아 주는 렌즈라 해서 붙여진 별명)라고도 불리는 85mm

단일 초점거리에 조리갯값 F1.8을 가지고 있는 SONY 알파 FE 85mm F1.4 GM 렌즈도 사용한다.

인물사진을 위한 최적의 빛과 조명

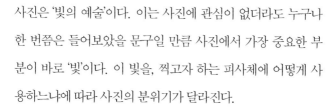

FEED #2

사진은 '빛의 예술'이다. 이는 사진에 관심이 없더라도 누구나 한 번쯤은 들어보았을 문구일 만큼 사진에서 가장 중요한 부분이 바로 '빛'이다. 이 빛을, 찍고자 하는 피사체에 어떻게 사용하느냐에 따라 사진의 분위기가 달라진다.

빛은 자연광과 인공광, 두 개의 큰 카테고리로 나뉘며, 인공광은 또 순간광과 지속광으로 나뉜다. 자연광이든 인공광이든 빛의 각도만 잘 알면 자신이 원하는 느낌을 연출할 수 있다.

먼저 자연광에서만 얻을 수 있는 너무나 매력적인 소스인 '매직아워'를 알고 넘어가자. 사랑하는 사람과 데이트를 하거나 여행갔을 때, 배경이 아무리 아름답고 피사체가 멋져도, 빛의 세기나 각도가 적절하지 않고 날씨 운이 따라 주지 않으면 아무리 사진 스킬이 좋아도 인생샷을 건지기 어렵다. 날씨 운이 따라 준다는 전제하에 매직아워 타이밍까지 맞춘다면 인생샷을 건질 확률이 매우 높아진다.

매직아워의 사전적 의미는 다음과 같다.

"촬영에 필요한 일광이 충분하면서도 인상적인 효과를 낼
수 있는 여명 혹은 황혼 시간대. 일광이 남아 있어 적정 노
출을 낼 수 있으면서도 자동차나 가로등, 건물 불빛이 뚜렷
하다. 하늘은 청색이고 그림자는 길어지며 일광은 노란빛
을 발산한다. 매우 따뜻하며 낭만적인 느낌을 만들 수 있으
나 그 시간은 아주 짧다."

[출처: 네이버 지식백과]

매직아워 때 촬영한 사진 1

쉽게 말해 일출 후 수십 분, 일몰 전 수십 분 정도의 지속시간을 가지며 빛의 색상이 푸르거나 금빛을 띠어 분위기를 낭만적으로 만들어 주는 시간대다.

매직아워 때 촬영한 사진 2

하지만 무조건 매직아워 때를 기다려 촬영한다고 해서 사진이 잘 나오는 것은 아니다. 여기에 빛의 각도까지 알고 있다면 빛을 자유자재로 활용하여 원하는 사진을 건질 수 있을 것이다.

그럼 각도를 하나씩 알아보자.

먼저 빛이 피사체의 정면으로 들어오는 순광이다.

그림자가 다른 각도에 비해 가장 적다는 것이 특징이며 빛이 온전히 피사체에 들어와 화사하게 연출되는 것 또한 특징 중에 하나다. 일상에서 예시로 들 수 있는 것은 '인생네컷'과 같은 즉석 사진 기계에서 사진을 찍으면 실물보다 얼굴이 예쁘고 '뽀샤시'하게 나오는 것을 알 수 있는데, 이는 바로 순광이 사용됐기 때문이다.

셀카를 찍거나 여행지에 가서 배경이 보이게 촬영하고자 할 때, 내 얼굴이 화사하게 나오는 것이 중요하다면 빛을 정면으로 바라보고 촬영하면 된다.

순광으로 촬영한 사진

하지만 순광에도 단점이 있는데, 그림자가 적어서 입체감이 덜하고 밋밋하다는 것이다.

다음은 일명 '셀카 각도'라고도 불리는 위 45도 측면에서 피사체를 향해 빛을 주는 사광이다.

사광은 빛의 화가인 렘브란트가 초상화를 그릴 때 많이 사용한 빛의 각도로 '렘브란트 라이팅'이라고도 불린다. 순광과 달리 측면에서 빛이 들어오기 때문에 반대 방향에 그림자가 생겨 좀 더 입체적이고 멋스러운 느낌을 연출한다.

사광으로 촬영한 사진

짙은 그림자로 인해 남성적인 느낌이 연출되며 사진이 좀 더 입체감 있게 표현된다. 그래서 인물이든 제품이든 가리지 않고 많이 사용되는 조명 각도 중 하나다.

다음은 측광으로 빛이 피사체의 좌측이나 우측에서 들어오는 빛이다. 빛이 측면에서 바로 들어오기 때문에 그림자 역시 반대 방향으로 지고, 명과 암의 대비가 확실한 것이 특징이며,

사광보다 더욱더 남성적이고 강렬한 분위기를 연출한다.

마지막으로, 인물사진에서는 잘 사용하지는 않지만 잘만 사용한다면 세련된 분위기를 연출해 주는 역사광과 역광이다.

일반적으로 역광에서 인물을 촬영하면 빛을 등지고 찍는 것이므로 사람의 실루엣만 나오기에 인물사진에서는 역광을 선호하지 않는다. 하지만 역광이 아닌 살짝 측면으로 치우친 역사광으로 촬영하면 실루엣과 더불어 약간의 빛이 피사체 앞으로 넘어오면서 다음 사진과 같이 고급스러운 분위기를 연출한다.

역사광으로 촬영한 사진

빛이 뒤에서 들어오기 때문에 인물의 머리와 어깨선으로 빛이 타고 넘어오면서 라인이 만들어지는데 마치 후광 효과처럼 보인다.

역광으로 촬영한 사진

역광도 분위기에 맞게 잘만 사용하면 감성 사진을 건질 수 있다.

인물사진을 위한 구도 잡는 법

인물사진을 촬영할 때 어디에서 어디까지 담아야 할지, 어디를 남기고 어디를 잘라야 할지 구도 잡기가 어려운 경우가 많을 텐데 이때 필요한 도구가 바로 영상에서 주로 사용하는 샷사이즈다.

샷사이즈란 카메라 프레임 안에 인물을 어느 정도의 사이즈로 담아 줄지를 나타내는 것으로, 신체 부위로 구분되어 인물의 구도를 잡을 때 매우 유용하다.

그럼 샷사이즈를 하나씩 알아보도록 하자.

첫 번째 샷사이즈는 인물을 먼 거리에서 담아 주는 익스트림 롱샷이다.

　이 사진에서 알 수 있듯 인물보다는 배경이 더 주가 되는 사이즈로 배경을 부각하는 사진을 촬영하고자 할 때 사용한다.

　두 번째, 인물의 전신과 배경을 함께 담아 주는 롱샷이다.

　익스트림 롱샷보다는 인물을 좀 더 크게 담아 주지만 여전히 인물에 집중하기보다는 배경과 주변 사물들까지 전체적인 상황을 한 장에 담고자 할 때 사용한다.

역사광으로 촬영한 사진

인물의 발아래 공간보다 머리 위 공간을 더 많이 두는 것이 비율상으로 봤을 때 더 안정적이고 시원한 느낌을 주며, 격자선 상에서 위 가로선이 사람의 얼굴을 지나도록 하면 자연스럽게 머리 위 공간이 많이 남게 된다.

세 번째, 피사체가 화면에 꽉 차도록 담는 풀샷으로 이전의 샷사이즈들보다는 확연하게 인물에 집중되기 시작된다.

　인물의 다리부터 머리까지 꽉 차게 보여 주므로 롱샷보다 인물에 더 집중하고 싶을 때 사용한다.

　주로 패션 브랜드에서 룩북이나, 인스타그램에서도 패션 관련 인플루언서들이 착장한 모습을 한 장에 담고자 할 때 사용한다. 신체의 미를 드러내는 바디프로필에도 사용된다.

네 번째, 인물의 무릎부터 머리까지 보여 주는 니샷이다.

영상에서는 인물의 진행 방향을 나타내거나 팔 동작을 부각
하고 싶을 때 사용하는 반면, 인물 촬영에서는 애매한 크기 때
문에 자주 사용하지는 않는다.

다섯 번째, 허리부터 머리까지 담아내는 웨이스트샷이다.

위 사진과 같이 머리가 프레임에서 잘리지 않게 머리 위 공
간에 여유를 두는 것이 비율상 안정감 있어 보인다. 우리가 평
상시 다른 사람과 테이블에 앉아서 마주 보고 대화할 때 주로

보는 시야로, 보기에 가장 편안해 보이는 샷사이즈라고 한다. 프로필사진에 주로 사용하는 샷사이즈다.

여섯 번째, 인물의 가슴부터 머리까지 보여 주는 바스트샷으로, 인물에 가장 확실하고 선명한 집중도를 만들어 내므로 웨이스트샷과 더불어 프로필사진에 많이 사용한다.

일곱 번째, 인물의 감정을 가장 잘 드러내는 얼굴을 강조한 클로즈업이다.

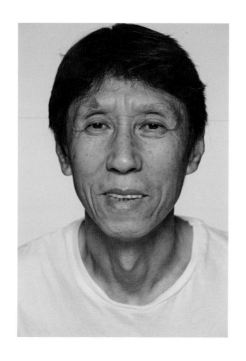

얼굴을 강조한다고 해서 턱밑이나 목에서 자르는 대신 어깨가 같이 담기도록 가슴 위쪽부터 담아 주는 것이 보기에 안정적이다.

구도 법칙

샷사이즈 다음으로 알아볼 것은 가장 많이 쓰는 구도 법칙이다. 여러 가지 법칙이 있지만 3분할 구도, 중앙구도, 두 가지를 알아보자.

　그 전에 카메라에 반드시 해 둬야 하는 설정이 있는데, 바로 격자선 설정이다.

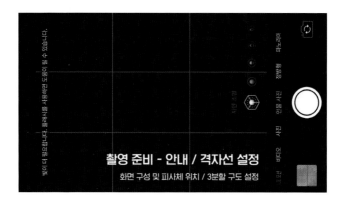

촬영 준비 - 안내 / 격자선 설정
화면 구성 및 피사체 위치 / 3분할 구도 설정

이것은 전문 포토그래퍼들도 카메라와 스마트폰에 모두 설정해 놓는 도구이며 구도를 잡을 때 매우 용이하다.

우선 갤럭시에서 설정하는 방법이다.

카메라 어플을 실행한 후 사진 모드로 변경한다 → 왼쪽 상단에 톱니바퀴 모양을 터치한다 → 카메라 설정 메뉴로 들어가면 수직/수평 안내선 메뉴를 찾은 후 스위치를 켠다 → 뒤로 돌아오면 가로 두 줄, 세로 두 줄의 격자선이 설정되어 있다.

추가로 사진 비율은 3:4로 설정해 두면 나중에 보정을 진행하거나 인스타그램에 사진을 업로드할 때 덜 잘리게 된다. 참고로 인스타그램에 업로드되는 사진의 풀사이즈는 4:5이다.

다음은 아이폰이다.

설정 앱으로 들어간다 → 카메라 메뉴를 찾아 터치한다 →
격자 옆 스위치를 켠다.

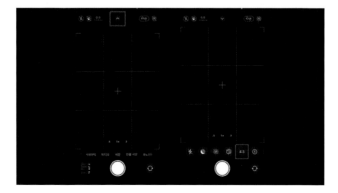

아이폰도 마찬가지로 4:3 비율로 설정한다.

위 두 개의 기능을 설정했다면 기본적인 세팅은 모두 마무리되었다.

이제 첫 번째 구도 법칙인 3분할 구도를 알아보자.

분할 구도란 방금 설정했던 격자선들이 겹치는 4개의 지점을 활용하여 구도를 잡는 방법으로 사진 또는 영상에 입문하는 사람들이 가장 처음 배우는 구도 중 하나다.

앞에서 설명한 대로 선 또는 선이 겹치는 점에다 담고자 하는 피사체를 두는 것인데 아래 A, B, C, D 지점이 교차하는 지점이다.

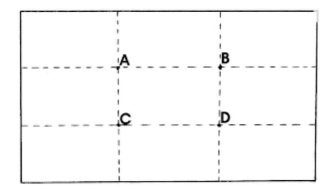

인물사진에 적용한 예시를 보도록 하자.

인물을 왼쪽 세로선에 위치시키고 얼굴은 A 지점에 두었다.

인물을 오른쪽 세로선에 위치시키고 얼굴은 B 지점에 두었다.

인물을 오른쪽 세로선에 위치시키고 얼굴을 B 지점에 두었다.

이 세 장의 사진은 모두 얼굴을 위쪽 라인인 A 또는 B 지점에 두었는데, 만약 얼굴이 C나 D 지점으로 간다면 머리 위 공간이 너무 많이 남고 몸이 많이 잘려 구도상 불안정해 보일 것이다. 사진에 정답은 없지만 안정적인 사진을 원한다면 인물의 얼굴을 A 또는 B 지점에 두도록 하자.

이처럼 3분할 구도는 배경과 인물이 함께 어우러지게 담고자 할 때 사용하는 구도로, 인물만 단독으로 나오는 프로필의 경우에는 거의 사용하지 않는다.

다음은 중앙구도로 누구나 한 번쯤은 찍어 본 적 있는 증명 사진, 여권 사진에서 많이 사용하는 구도다. 인물이 가운데에 위치하므로 집중이 가장 잘되고 시선이 분산되지 않는 것이 특징이다. 이러한 이유로 프로필 촬영 시에 많이 사용한다.

중앙구도로 촬영한 프로필 사진

중앙구도로 촬영한 스냅사진 예시

중앙구도는 꼭 프로필용이 아니라도 일상 사진에서도 사용할 수 있다. 장점은 피사체가 중앙에 위치해서 시선이 집중되고 작가가 보여 주고자 하는 의도가 명확히 드러난다는 점이다. 반면에 모든 사진을 전부 중앙구도로 촬영하면 지루할 수 있다는 것이 치명적인 단점이다.

물론 3분할 구도도 지루해질 수 있으니 지금까지 알아본 중앙구도와 3분할 구도를 다양하게 활용하고, 이 밖에도 사진을 직접 많이 찍으면서 새로운 구도를 만들어 보는 것이 자신이 좋아하는 사진을 찾을 수 있는 좋은 방법이다.

photograph

···

CHAPTER 3

345.532 views

\# 제품과 음식사진을 위한 카메라 렌즈 선택(카메라 & 스마트폰)
\# 제품과 음식사진을 위한 최적의 빛 & 조명
\# 제품과 음식사진을 위한 구도 잡는 법

'좋아요'가 많이 눌리는
음식사진 잘 찍는 방법

제품과 음식사진을 위한 카메라 렌즈 선택

촬영할 때 어떤 피사체냐에 따라 또는 어떤 콘셉트냐에 따라 렌즈 선택이 매우 중요하다. 인물사진을 위한 카메라 렌즈 선택에서도 알아봤지만 한 번 더 렌즈에 대해 짚고 넘어가도록 하자.

렌즈는 크게 광각렌즈, 표준렌즈, 망원렌즈, 세 가지로 나뉜다. 첫 번째 광각렌즈는 사람의 눈보다 더 넓은 시야각을 가졌으며 풀프레임 카메라 기준으로 초점거리 35mm 이하의 렌즈들을 말하고, 아이폰 카메라 기준으로 줌 1.0x 이하다. 광각렌즈의 주된 특징은 '넓은 화각, 깊은 심도, 심한 왜곡'이라 할 수 있다.

우선 '넓은 화각'을 가지고 있어 한 장에 많은 피사체를 담을 수 있고, 실내에서 공간을 촬영했을 때 실내가 실제보다 더 넓어 보인다. '깊은 심도'란 앞에 있는 피사체부터 뒤에 있는 배경까지 초점이 다 맞는다는 의미다. 쉽게 표현하면 피사체는 또렷하고 뒷배경은 뿌옇게 표현되는 '보케Bokeh'라고 하는 아웃포커싱 효과가 덜하고, 전체적으로 초점이 고루고루 잘 맞는다.

'심한 왜곡'은 카메라 앞에 있는 피사체는 실제보다 더 크게, 떨어져 있는 피사체는 실제보다 더 작게 담아내어 원근감이 훨씬 과장된다는 의미다. 표준렌즈와 망원렌즈까지 설명한 후 사진을 통해 실제적으로 이해해 보자.

두 번째 표준렌즈는 사람 눈의 시야각과 가장 흡사하며 풀프레임 카메라 기준, 초점거리 40 ~ 60mm 렌즈이고, 아이폰 카메라 기준, 줌 1.5x 정도다. 표준렌즈의 특징은 앞에서 언급했듯 맨눈으로 보는 것과 흡사하기에 '자연스럽다'로 정의할 수 있으며, 어떤 피사체를 찍어도 무난하게 잘 나온다.

세 번째 망원(협각)렌즈는 사람의 눈보다 좁은 시야각을 가지고 있고 초점거리가 길기에 망원경처럼 멀리 있는 피사체를 담을 수 있으며 풀프레임 카메라 기준, 초점거리 70mm 이상의 렌즈들을 말하고, 아이폰 카메라 기준, 줌 2.0x 이상이다. 망원렌즈의 주된 특징은 광각렌즈와 정반대로 '좁은 화각, 얕은 심도, 왜곡 없음'이라 할 수 있다.

우선 '좁은 화각'을 가지고 있어 한 장에 여러 피사체를 담기는 힘들지만 대신 하나의 피사체를 담을 때 유리하고 다른 두

렌즈들에 비해 집중시키는 효과가 훨씬 크다.

'얕은 심도'는 초점이 앞에 있는 피사체에 주로 맞고 배경에는 맞지 않아 아웃포커싱 효과가 광각렌즈에 비해 더 크다.

'왜곡이 없음' 역시 광각렌즈와 정반대의 개념으로 마치 원근감이 없어진 느낌이 들 정도로 앞에 있는 피사체와 배경 간의 거리 차이가 거의 나지 않고 평면적으로 보인다는 것이 특징이다.

같은 피사체에 같은 앵글이지만 각기 다른 렌즈로 담은 세 장의 사진을 준비했다.

광각렌즈   표준렌즈   망원렌즈

사진에서 알 수 있듯 앞에서 설명한 화각 차이, 심도 차이, 왜곡 차이를 느낄 수 있다. 광각렌즈는 화각이 넓기에 배경이

넓게 표현되고 초점이 배경까지 맞는데, 삼각대를 보면 확연히 드러나듯 앞에 있는 다리가 뒤쪽의 두 다리보다 훨씬 크게 부각된다.

표준렌즈는 화각도, 초점도, 왜곡도 무난하다.

망원렌즈는 화각이 좁기에 배경이 가까워 보여 피사체와 거리 차이가 거의 없게 느껴진다. 초점은 배경은 살짝 흐리고 삼각대의 세 다리가 거의 비슷한 크기로 담긴 것을 확인할 수 있다.

그래서 접시와 같은 플레이트의 왜곡 없이 음식을 중심으로 촬영하고자 할 때 망원렌즈를 사용한다.

기본 줌 배율 1.0x 로 촬영한 사진

줌 배율 2.0x로 촬영한 사진

음식 전체를 보여 주고자 할 때는 기본 화각인 광각도 괜찮
지만 한 가지 음식만 놓고 촬영할 때는 왜곡이 없는 망원렌즈
를 사용하는 것이 더 낫다.

지금까지 알아본 렌즈의 특징들을 가지고 렌즈에 대해 정리
하면, 망원렌즈를 사용해서 촬영해야 왜곡 없이 예쁘게 나오

고, 정확한 제품의 형태와 크기를 가늠할 수 있게끔 정보 전달이 된다.

물론 연출 콘셉트에 따라서 광각렌즈를 사용할 수도 있겠지만 보통의 제품 사진은 배경이 아닌 제품이 부각되고 잘 보이게끔 촬영하는 것이 중요하기 때문에 망원렌즈를 주로 사용한다.

카메라로 제품 사진을 촬영할 때 많이 사용하는 렌즈는, 소니 풀프레임 미러리스 기준 FE 90mm F2.8 MACRO G OSS 렌즈이며,

mm 초점거리 / F2.8 최대조리개 / MACRO 접사)

그다음으로 가격대는 높지만 조금 더 초점거리를 확보할 수 있고 인물 촬영도 겸할 수 있는 망원 줌렌즈인 FE 70 - 200mm F2.8 GM OSS 2가 있다.

망원 줌렌즈인 FE 70-200mm F2.8 GM OSS 2

제품과 음식사진을 위한
최적의 빛과 조명

인물사진에서도 다뤘듯 사진에서 빛은 매번 강조해도 지나치지 않을 정도로 중요하다. 제품과 음식사진을 촬영할 때도 어떤 빛을 쓰느냐에 따라 느낌이 달라지기 때문이다.

우선 자연광을 이용해 촬영한 사진 예시를 통해 특징을 알아보도록 하자.

다음 사진들은 모두 자연광을 이용해 촬영한 사진으로 첫번째는 야외에서, 두번째는 실내에서 창문을 통해 들어오는 빛을 이용해 촬영한 사진이다. 똑같은 자연광을 사용했지만 실외 또는 실내냐에 따라 다르다.

야외에서 자연광을 이용해 촬영한 사진

실내에서 창문을 통해 들어오는 자연광을 이용해 촬영한 사진

또 하나 봐야 할 것이 바로 그림자의 질감이다.

첫 번째 사진은 늦가을 오후 2시경에 촬영한 사진이다. 이날은 구름 한 점 없이 맑은 날이어서 태양 빛이 그대로 피사체를 비춰, 자세히 보면 그림자의 경계가 날카롭게 떨어지는 것을 확인할 수 있다.

두 번째 사진은 비슷한 시각 실내에서 촬영했는데 빛이 창문을 한 번 투과하고 퍼지면서 부드러워지고, 그림자 역시 경계가 부드럽게 떨어지는 것을 확인할 수 있다.

이를 통해 알 수 있는 사실은 구름이 많이 낀 날에는 그림자가 잘 보이지 않고, 구름 없이 맑고 해가 쨍쨍한 날에는 빛이 강렬하고 그림자도 명확하게 보인다는 것이다. 그래서 만약 협찬을 받아 업로드하거나 내가 판매하고 홍보할 제품 또는 음식사진을 촬영할 경우라면 브랜드의 콘셉트와 이미지에 따라 빛의 질감까지 신경 써서 촬영해야 사진의 퀄리티가 한 단계 더 상승한다.

집이나 자신의 공간에 채광이 좋을 경우, 창에 얇은 레이스 커튼을 달면 빛이 한 번 더 확산하면서 부드럽게 연출된다.

채광 시설이 없을 경우에는 아래 사진처럼 전구 앞에 박스 형태의 조명 장비를 달면 되는데, 이를 조명 용어로 소프트박스라고 한다. 말 그대로 빛을 부드럽게 만들어 주는 상자이다.

이 외에도 조명 장비가 많지만 입문용으로 무난하게 사용하기 좋은 것이 소프트박스다.

소프트박스가 장착된 조명(20만 원 이내로 구매할 수 있다.)은 사진에서 확인할 수 있듯 검정 박스 앞에 흰색 막이 씌워져 있는데, 이것이 디퓨저이며 소프트박스에서 빛을 확산하는 데 중요한 역할을 한다.

소프트박스가 장착된 조명

제품 사진에서 많이 쓰는 조명 각도는 따로 정해져 있지 않으며 원하는 분위기에 따라 순광부터 역광까지 다양하게 사용된다.

순광으로 촬영한 제품 사진(스마트폰으로 촬영)

측광으로 촬영한 제품 사진(스마트폰으로 촬영)

역사광으로 촬영한 제품 사진(스마트폰으로 촬영)

그러나 음식사진은 예외로 역사광이 굉장히 많이 사용되는데, 이를 사진을 통해 확인해 보자.

와사비 그릇을 보면 앞쪽으로 그림자가 지는 것을 확인할 수 있다.

그림자를 통해 역사광이라는 것을 확인할 수 있다.

상업사진에서도 이처럼 역사광을 주로 사용한 것을 알 수 있다. 이 점을 적용하면 평상시에 맛집을 가거나 카페에 가서 음식사진을 찍고 싶을 때 더 나은 퀄리티를 원한다면 채광이 좋을 경우 창가 자리를 사수해서 창가로 들어오는 자연광으로 방향은 역사광으로 설정해서 촬영하거나, 조도가 낮은 분위기

실제 메뉴 사진으로 쓰였던 사진들

있는 레스토랑에서 촬영하고자 할 때는 앞에 있는 사람이 스마트폰 플래시를 켠 후 플래시 앞에 티슈를 얇게 펴 음식 앞에 비춰 주면 좋다. 티슈가 디퓨저 역할을 하며 빛을 확산시켜서 부드러운 빛으로 음식이 맛있게 표현될 수 있기 때문이다.

제품과 음식사진을 위한
구도 잡는 법

구도를 살펴보기 전에 먼저 피사체를 바라보는 각도인 앵글을 알아보려 한다. 앵글은 하이앵글과 로우앵글, 스탠다드앵글 이렇게 세 가지로 나뉜다.

하이앵글은 피사체를 보다 높은 위치에서 내려다보는 것이며, 테이블 위에 제품과 소품들을 배치해 놓고 한 장에 다 들어오게끔 연출사진을 촬영할 때 많이 사용된다. 위에서 수직으로 내려다보는 앵글인 탑뷰도 하이앵글 중 하나다. 탑뷰가 아닌 45도나 다른 각도에서 내려다보며 촬영하면 제품이 실제보다 작아 보이는 왜곡이 생겨난다.

다음으로 로우앵글은 하이앵글과는 반대의 각도로, 피사체를 보다 낮은 위치에서 올려다보는 것이며, 세로로 길이감이 있는 병, 화장품 등의 연출사진 촬영 때 주로 사용되는 앵글이다. 아래에서 올려다보며 촬영하기 때문에 제품의 하단이 더 부각되고 실제보다 커 보이는 왜곡이 생겨난다.

하이앵글 예시

로우앵글 예시

스탠다드 앵글 예시

마지막으로 '아이 레벨'이라고도 불리는 스탠다드앵글은 피사체를 동일한 높이에서 바라보는 것이고, 앞의 두 앵글과는 다르게 왜곡이 없어서 누끼사진 촬영 때 주로 쓰이며 무난하고 편안한 느낌을 준다.

앵글을 알아봤으니 이제 구도에 대해 알아볼 차례다. 사진 구도에 있어 정답은 없지만 정석은 존재한다. 가장 많이 쓰이는 기본적인 정석 구도 세 가지를 알아보려 한다.

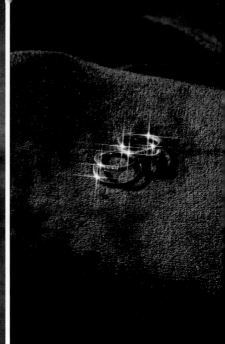

예시

첫 번째는 가장 깔끔하고 제품에 집중이 잘 되는 중앙구도
다. 프레임이 어느 한쪽으로 치우치지 않고 정중앙에 위치하
기 때문에 웬만해서는 시선이 분산되지 않는 가장 기본적인
구도다. 연출사진 촬영 때 사용되지만 모든 제품을 중앙구도
로만 촬영하면 그런 사진이 여러 장일 경우 지루해질 수 있다
는 단점이 있다.

두 번째로 사진을 배울 때 가장 먼저 배우는 구도 중 하나인
삼등분할 구도다. 카메라를 세팅할 때 설정하는 격자선을 활

용한 기법인데, 프레임에 보이는 가로세로선들과 그 선들이

겹치는 4개의 지점에 피사체를 놓아 주면 된다.

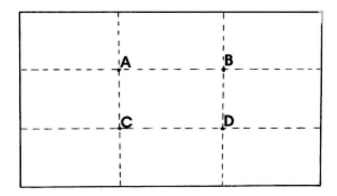

예시

예시

또는 배경지를 두 색상으로 혼합해 연출할 때도 적용할 수 있다.

예시

세 번째로 피사체 간의 균형을 맞추는 방법이다. 조금 어렵게 느껴질 수 있지만 쉽게 말해 같은 간격, 같은 라인 등 균형을 정확하게 맞추면 시선이 유동적으로 흐르면서 생동감 넘치는 사진을 촬영할 수 있다.

예시

지금까지 중앙구도, 삼분할법, 피사체 간 균형 맞추기 구도를 알아봤는데, 이 밖에도 실험적인 구도들을 연습해 보면서 내 제품과 음식에 어울리는 구도를 찾아보길 바란다.

photograph

•••

345.532 views

풍경 & 공간 사진을 위한 카메라 렌즈 선택(카메라 & 스마트폰)
풍경 & 공간 사진을 위한 구도 잡는 법

꼭 한번 가 보고 싶은 풍경 & 공간 사진 잘 찍는 방법

풍경 & 공간 사진을 위한
카메라 렌즈 선택

FEED #1

여행을 가서 풍경을 잘 찍고 싶을 때, 인테리어 예쁘고 분위기 좋은 공간에 놀러 갔을 때 어떤 렌즈를 선택하느냐에 따라 경관과 공간의 느낌이 확연히 다르게 나온다. 보통 풍경과 공간을 찍는다고 하면 대다수가 넓고 광활하게 보이는 것을 선호하기에 광각렌즈를 사용해서 찍어야 한다는 고정관념을 가질 수 있다. 하지만 인물, 제품과 음식사진 파트에서 보았듯 어떤 느낌을 담고 싶은가에 따라 렌즈를 다르게 설정하듯, 이때 망원렌즈를 사용하는 경우도 있다. 지금부터 렌즈별로 어떤 차이가 있는지 풍경과 공간에 적용하여 알아보도록 하자.

우선 광각렌즈는 풀프레임 센서 기준 초점거리 35mm 이하의 렌즈이며, 스마트폰은 줌 배율 1.0x 이하로 설정했을 때 광각으로 촬영된다. 광각렌즈의 특징 중 하나인 왜곡 현상 때문에 배경이 실제 눈으로 보는 것보다 훨씬 멀게 보이고, 프레임 양옆으로 갈수록 둥글게 말리는 현상으로 파노라마처럼 넓게 표현할 수 있다.

광각렌즈로 촬영한 사진들

원경과 근경의 크기차이가 명확하다.

초광각으로 촬영한 사진

축구장의 넓은 범위를 한 장에 모두 담아내고 있다.

내부 역시 한 장에 담아내지만 좌우로 갈수록 왜곡이 심해
지는 것을 알 수 있다.

광각렌즈를 구매한다면 초점거리가 정해져 있는 단렌즈보다는 화각을 자유롭게 조절할 수 있는 줌렌즈 군을 추천하며, 추천하는 렌즈는 소니 풀프레임 미러리스 기준 알파 Vario Tessar T* FE 16 - 35mm F4 ZA OSS(100만 원대)이다.

망원렌즈는 풀프레임 센서 기준 초점거리 70mm 이상인 렌즈이며, 스마트폰은 줌 배율 2.0x 이상으로 설정했을 때 망원으로 촬영된다.

망원렌즈는 간단히 설명하면 광각렌즈와 반대로 생각하면 되는데, 배경이 실제 눈으로 보는 것보다 훨씬 가까워 보이며 프레임의 양옆으로 둥글게 말리는 현상이 없어 네모반듯하게 평면적으로 표현된다.

망원렌즈로 촬영한 사진들

광각렌즈와는 달리 좌우에 왜곡이 거의 없다. 그리고 심도가 낮아 뒷배경이 뿌옇게 날아가는 일명 '아웃포커싱'이 많이 일어난다. 배경 앞 피사체에 초점을 맞추고 촬영할 경우 아웃포커싱 현상이 일어난다.

이번엔 같은 장면을 광각렌즈와 망원렌즈로 촬영한 사진들 놓고 비교해 보자.

광각렌즈

망원렌즈

광각렌즈

망원렌즈

앞에 있는 피사체를 거의 같은 크기로 담아서 차이가 잘 안 느껴질 수 있지만 하늘을 자세히 보면 광각은 해가 보이고, 망원은 해가 보이지 않는 것을 확인할 수 있다. 구름의 크기 역시 망원렌즈로 담은 쪽이 더 가깝고 크게 담겼다. 실내 공간에서 찍은 사진들을 비교해도, 천장과 주변 가구들을 보면 역시 광각렌즈로 찍은 사진에 피사체가 더 많이 담기고, 멀리 있는 인물은 작게 촬영된다.

이처럼 광각과 망원의 차이를 이해하고 자신의 사진 스타일에 따라서 또는 상황에 맞게 두 렌즈를 번갈아 가며 자유자재로 원하는 느낌을 담아내길 바란다.

망원렌즈 역시 단렌즈보다 줌렌즈 군을 추천한다. 70 ~ 200mm의 초점거리를 가진 렌즈가 가격대가 높고 무게가 무겁기는 해도, 이 점 하나만으로도, 많은 영역을 소화할 수 있어서 써 보길 권장한다.

소니 풀프레임 미러리스 기준 FE 70-200mm F2,8 GM OSS(200만 원)

풍경 & 공간 사진을 위한
구도 잡는 법

FEED #2

작가가 구도에서 중요하게 생각하는 부분은 바로 선을 잘 맞추는 것이다. 특히 풍경과 공간 사진을 촬영할 때는 더욱 중요한데, 그 이유는 우리 주변의 자연을 비롯해 도로와 건물 등 대부분의 구조물이 수평선을 이루는 것을 조금만 둘러보면 확인할 수 있다. 그래서 카메라의 네모난 프레임 안에서 선들을 짜임새 있게 잘 맞추기만 해도 보기 좋은 사진을 촬영할 수 있다.

제품과 음식사진 파트에서 확인했듯 공간 사진 역시 중앙구도, 3분할 구도와 같은 기본적인 정석 구도를 많이 사용하는데, 여기에 소실점 구도를 추가하면 더욱 다양한 구도를 잡을 수 있다. 소실점 구도는 중앙구도와 비슷할 수도 있지만 중앙구도가 화면 정중앙에 피사체를 담는 것이라면, 소실점 구도는 '선과 선들이 모이는 지점'을 화면 중앙에 두는 것이다. 이것을 공간에 적용하면 다음의 예시와 같이 가운데 면을 정중앙에 위치시키거나 면과 면이 만나 생기는 선을 화면 정중앙에 위치시켜 원근감과 입체감이 돋보이게 촬영하면 된다.

소실점 구도의 첫 번째 예

사진의 공간과 같이 확실한 선들이 있으면 구도 잡기에 편리하다.

소실점 구도 두 번째 예

원근감이 확실하기 때문에 공간이 더 깊고 넓어 보인다.

다음은 격자선에 맞추어 촬영하는 3분할 구도를 적용한 예시이다.

격자선 상의 아래 가로선에 바다의 수평선을 담아 촬영하였다. 바다보다 하늘이 여백이 많아 시원한 느낌을 준다.

앞 사진과는 반대로 땅과 바다가 더 많이 보이게 촬영하였다. 반드시 하늘이 많이 보여야 한다는 법칙은 없다. 다양하게 찍어 보고 본인이 좋아하는 사진을 고르면 된다.

수직선을 활용한 3분할 구도 예

호텔 건물의 좌측 모서리 끝을 격자선 위 가로선에 위치시
켜 하늘의 여백을 많이 남겼다.

에펠탑이 3분할 선에 위치하며 피사체가 많은 복잡한 풍경
을 안정적으로 만들어 준다.

마지막은 중앙구도로, 메인이 되는 건물이나 구조물을 프레임 가운데에 두고 수직선과 수평선을 정확히 맞추어 촬영하면 대칭도 맞으면서 심미적으로 만족감을 주는 사진을 촬영할 수 있다.

에펠탑을 메인 피사체로 잡고 중앙에 두었다.

모나리자를 보러 루브르
에 갔을 때 모나리자 앞에
사람들이 몰려 있는 모습
이 재밌어 촬영한 사진

    비슷한 풍경이지만 왼쪽은 중앙구도, 오른쪽은 3분할 구도를 사용하였다.

    이처럼 같은 풍경이더라도 어떤 구도로 촬영하느냐에 따라 사진의 느낌이 달라지므로 한 장으로 완성하려 하지 말고 다양한 구도로 여러 장 담아보길 바란다.

이 외에도 대칭구도, 프레임 in 프레임 등 다양한 구도가 있지만 가장 기본이 되는 3분할 구도와 중앙구도, 그리고 소실점 구도까지 세 개의 구도를 완벽하게 내 것으로 만든다면 다른 구도들은 손쉽게 적용할 수 있을 것이다.

photograph •••

345.532 views

\# 보정의 중요성
\# 스냅시드로 사진 보정하기
\# 간단 필터보정 어플 - VSCO

사진은 보정이 8할이다
- 보정 잘하는 방법

보정의 중요성

보정: (명사) 부족한 부분을 보태어 바르게 함.

사진에서 보정은 80%를 차지할 만큼 굉장히 중요한 영역이다. 사진을 촬영하는 기술에 따라서도 프로와 아마추어가 나뉘겠지만 보정 역시 실력에 따라 구분되곤 한다.

보정을 할 때 처음에는 내가 좋아하는 색감이 무엇이며, 선호하는 세팅 값은 무엇인지 찾는 데 시간이 필요하다. 촬영만큼 보정도 다양한 시도를 많이 하면서 내가 원하는 톤을 찾고, 그 톤에 맞춰 인스타그램 피드를 구성한다면 통일된 색감이 표현돼 사람들이 내 계정에 방문했을 때 호감을 갖고 한 번이라도 더 내 게시물을 보게 하는 효과를 준다.

보정에서 가장 중요한 점은 매번 '톤'이 다르면 안 된다는 것이다. 단순히 연습하고 개인 사진첩에 소장할 것이라면 상관없지만, 인스타그램에 업로드하거나 다른 SNS상에 업로드할 경우 매번 톤이 다르면 전체적으로 정돈되어 보이지 않고, 계정에 대한 호감도가 낮아진다. 찍고 나서 원본 그대로 올릴 거라면 상관없지만 보정을 할 거라면 이 점을 꼭 염두하고 보정작업을 하길 바란다.

원본   보정본

노출과 채도만 살짝 만져도 음식이 훨씬 맛있어 보인다.

스냅시드로 사진 보정하기

'스냅시드'는 구글에서 만든 보정 어플로 포토그래퍼들도 스마트폰 사진을 보정할 때 많이 사용하는 어플 중 하나다.

노출부터 선명도, 자르기 등 기본 보정부터 포토샵에 있는 반창고툴 역할을 하는 잡티 제거, 닷지 기능을 하는 부분 보정 등 다양한 기능이 있고, 무엇보다 UI, UX가 직관적으로 잘 되어 있어 초보자들도 사용하기 매우 간편하다.

또한 원본 화질이 깨지지 않는다는 장점이 있어 가끔 카메라로 촬영하고 스마트폰으로 불러와 스냅시드로 보정하는 경우도 있다.

어플 실행 후 첫 화면

사진 불러오기 → 기기에서 열기 터치

사진첩에서 보정할 사진 불러오기

불러온 후 첫 화면. 스타일 탭은
거의 사용하지 않는다.

도구 탭을 누르면
다양한 보정 툴이 나온다.

기본보정 도구는
사진의 밝기부터

대비 채도 등 사진의 빛과 색을 보정하는 도구다.

　자르기는 사진을 원하는 비율로 자를 수 있는 도구로, 정방
형부터 16:9까지 원하는 비율로 선택이 가능하며, 하단 × 아
이콘 옆의 화살표 아이콘은 가로 세로로 변환시켜 주는 버튼
이다.

회전은 사진의 수평을 잡아주는 기능으로 좌우로 화면을 쓸어 주면 각도를 수정할 수 있다.

하단 좌측에서 두 번째 도구는 좌우 반전 기능

좌우반전 옆 화살표는 90도로 회전하는 도구다.

원근 왜곡은 렌즈와 앵글로 인해 틀어진 수평과 수직의 왜곡을 수정할 수 있는 기능으로 꽤 유용한 도구 중 하나다.

스냅시드의 핵심 기능이라고도 볼 수 있는 잡티 제거는 말 그대로 사진에서 불필요한 부분을 지울 수 있는 기능으로, 전 봇대와 선을 지워보도록 하겠다.

잡티 제거를 하기 위해서는 우선 지우고자 하는 부분을 두 손가락으로 줌인을 한다. 그럼 사진과 같이 가운데에 점선으로 되어 있는 원과 왼쪽 하단에 네모 박스가 나오는데 원은 브

러시를 나타내며, 네모 박스 중 파란색 박스가 줌인을 해서 보이는 부분을 표시하는 것이다.

줌인을 했다면 이제 손가락으로 터치해서 지우면 된다. 화면을 터치하면 빨간색으로 표시되며 지워질 부분을 알려 준다.

그다음 손가락을 화면에서 떼면 오른쪽과 같이 전봇대가 없어진 걸 확인할 수 있다.

깔끔하게 선까지 지워보자. 원래 전봇대가 없었던 사진이
라고 해도 믿을 만큼 너무나 깔끔하게 지워진 것을 확인할 수
있다.

여기서 주의할 점은 배경이 너무 복잡할 경우에는 보정이 깔끔하게 되지 않을 수 있다. 해당 도구의 원리가 주변을 인식해서 채워 넣는 것이므로, 배경이 단순한 사진에서만 적용이 잘 된다는 점을 인지하고 사용하길 바란다.

처음에 다뤘던 기본보정에서 밝기를 만지면 사진 전체의 밝

기가 어두워지고 밝아지는 데 반해 부분 보정에서는 말 그대로 부분만 보정된다.

도구에 들어가 보정할 부분을 선택한다. 본인은 비행기를 좀 더 밝게 하고 싶어 비행기 가운데쯤을 손가락으로 터치해 선택했다. 선택하면 오른쪽 사진과 같이 '밝'이라고 파란색 점으로 선택되며 밝기가 수정되는 기능이다.

바로 손가락을 좌우로 하여 밝기를 만지는 것이 아니라 두 손가락으로 줌아웃을 하면 왼쪽과 같이 원과 빨간색으로 보정될 영역이 표시된다. 영역을 줄이고 싶다면 두 손가락을 가운데로 좁히고, 넓히고 싶다면 화면 바깥쪽으로 벌린다.

그리고 나서 한 손가락으로 좌측 또는 우측으로 쓸어 주면 영역 선택된 부분만 보정된다.

마지막 저장하기는 첫 화면으로 돌아가서 우측 하단에 내보내기 버튼을 터치하여 저장하면 된다.

이 외에도 인물사진, 아웃포커싱 등 다양한 기능이 있으므로 하나씩 눌러 보면 금방 익힐 수 있을 것이다.

간단 필터 보정 어플 – VSCO

작가가 굉장히 좋아하고 애용하는 보정 어플 중 하나로 VSCO 가 있다. 시간이 없을 때 간편하게 필터만 입혀 보정하는 경우 자주 사용한다. 스냅시드와 마찬가지로 포토그래퍼들도 사용하는 어플이며 원본 화질이 깨지지 않아서 카메라로 찍은 사진도 보정할 때 용이하다.

대신 단점은 유료라는 점이지만 1년에 2만 원으로 생각보다 매우 저렴해서 사진을 좋아하고 보정하는 데 흥미가 있다면 구독해도 좋은 어플이다. 구독하면 VSCO에서 제공하는 수

VSCO

많은 필터를 모두 사용할 수 있고, 영상 또한 필터를 씌우고 색
보정이 가능해서 영상도 즐겨 찍는다면 강력 추천한다.

어플을 실행하면 하단에 다섯 개의 아이콘이 보인다. 보정
시 사용할 도구는 가운데에 있는 스튜디오다. 스튜디오로 들
어와 상단 가운데에 더하기 버튼을 터치한 후 사진을 오른쪽
과 같이 사진첩에서 불러온다.

 불러온 사진을 터치하면 아래 아이콘들이 바뀌는데 이 중 하단 좌측에 위치한 편집 아이콘을 터치한다. 그러면 VSCO의 핵심인 필터들이 나열되는데 이 중에서 원하는 색감을 찾는다.

　원하는 필터를 선택하면 왼쪽과 같이 0부터 12까지 필터의
적용 강도를 적용할 수 있고, 선택 후 우측 하단의 동그라미를
터치한다. 터치하면 스냅시드에 있는 기능들처럼 자르기부터
수평, 노출 등 기본적인 보정도 가능하다.

　보정이 완료되면 우측 상단의 다음 버튼을 터치한다.

    저장할 수 있는 화면으로 전환되며 카메라 롤에 저장 버튼
만 스위치를 켜고, 하단 '카메라 롤에 저장 및 초안 저장' 버튼
을 터치한다.

다음은 VSCO를 자주 쓰는 이유인 보정 값 복사 붙여넣기를 알아보도록 하자.

보정의 중요성에서도 언급했듯 인스타그램에 업로드했을 때 여러 사진의 톤이 모두 다르면 피드가 정리되지 않고 너저분해 보일 수 있다. 이때 특히 이 기능이 굉장히 유용한데, 시간을 줄이고 톤도 그대로 유지할 수 있다는 장점이 있다.

다시 스튜디오로 돌아와서 기존에 보정된 사진을 보면 왼쪽

하단에 편집 아이콘이 형성된 것을 확인할 수 있다. 상단의 더하기 버튼을 통해 보정할 사진을 한 장 더 불러온 후 기존에 보정된 사진을 터치한다. 오른쪽과 같이 사진이 선택되면 하단에 점 3개가 표시된 더보기를 터치한다.

더보기 선택 후 편집 내용 복사를 선택한다. 그다음 새롭게 불러온 사진을 선택한다.

　동일하게 더보기를 터치한 후 편집 내용 붙여넣기를 선택한다. 그러면 우측과 같이 동일한 필터, 동일한 보정 값이 그대로 적용된 것을 확인할 수 있다.

　이처럼 내가 원하는 필터와 보정 값 하나만 잘 정해 둔다면 보정 시간을 단축할 수 있고, 피드를 구성할 때 톤이 일정하게 유지되며 보기 좋은 계정을 만들 수 있다.

photograph · · ·

CHAPTER 6

345.532 views

알아 두면 좋은 인스타그램을 위한 어플 세 가지
첫인상을 좌우하는 상단 고정 게시글 설정하기

팔로워를 높이는
인스타그램 운영 팁

알아 두면 좋은 인스타그램을 위한 어플 세 가지

피드별 사이즈를 맞춰 주는 인스타사이즈^{Instasize}

인스타그램에 업로드되는 게시물의 비율은 4:5이며 보통 스마트폰으로 촬영한 사진 비율은 4:3 또는 16:9, 카메라는 3:2이다.

그래서 원본 그대로 사진을 업로드하면 위아래가 잘릴 수밖에 없는데, 아래와 같이 사진이 잘리지 않고 전체가 보이도록 여백이 있는 프레임을 만들고 인스타그램에 맞게 비율을 맞춰주는 어플이 인스타사이즈다. 게시물뿐만 아니라 스토리에 맞는 비율도 설정할 수 있다.

숏폼 영상, 릴스를 위한 캡컷^{Capcut}

　요즘 영상은 인스타그램 릴스를 비롯 틱톡, 유튜브 등 숏폼 컨텐츠가 대세다. 인스타그램에 처음 진입하는 사람이거나 내 콘텐츠의 상위노출 확률을 높이고 싶다면 영상을 단순 피드에 게시하는 것보다 아직까지는 경쟁률이 낮은 릴스를 올리는 것이 유리할 수 있다.

　그렇다면 사진 역시 이왕이면 동영상으로 만들어 주어 릴스로 게시하면 된다. 캡컷을 이용하면 템플릿을 통해 영상으로 만들고 싶은 사진을 선택만 하면 알아서 컷 편집부터 음악까지 넣어 완성본을 만들어 준다.

사진에 글귀 하나, 끄적글적: 사진 글쓰기

카드뉴스라는 콘텐츠를 한 번쯤은 들어보았을 것이다. 사진 또는 이미지에 전달하고 싶은 텍스트를 적어 정보를 전달하는 콘텐츠인데, 꼭 정보 전달 내용뿐 아니라 감성 글귀, 명언 같은 것들을 적어 업로드하면 조금은 더 눈에 띄는 콘텐츠가 될 수 있다.

'끄적글적'은 사진에 감성 글귀를 넣을 수 있는 어플로 비율

설정부터 감성적인 글꼴을 선택해 내 사진에 텍스트를 입힐 수 있다. 현재는 아이폰만 다운로드 가능하며 유료로 7,500원에 구입할 수 있다.

아이폰과 갤럭시 모두 사용 가능한 무료 어플로는 '글그램 _ 사진에 글쓰기'가 있다.

첫인상을 좌우하는
상단 고정 게시글 설정하기

FEED #2

상단 고정 게시글이란 아래 사진에서 볼 수 있듯 나를 대표하
는 사진이나 정보를 최대 3개까지 피드 위쪽에 고정할 수 있는
기능인데 게시글 우측 상단의 핀 모양이 있는 것들이 상단 고
정 게시글이다.

설정하는 방법은 우선 고정하고 싶은 게시글을 하나 선택한
다.

그다음 게시글 우측 상단의 점 세 개를 터치한다.

아래에서 세 번째에 위치한 '내 프로필에 고정' 버튼을 터치
하면 설정은 끝난다.

순서는 최근에 설정한 게시글이 피드 좌측에 위치하며, 위에서 설명한 것과 같이 세 개 이상 설정하려고 하면 '고정 한도 도달'이라는 문구가 뜨니 참고하길 바란다.

photograph

···

CHAPTER 7

345.532 views

픽셀스 # 픽사베이
언스플래시 # 스톡볼트
버스트 # 공유마당

알아 두면 좋은
스톡 이미지 사이트

♥ ♡ ▽

인스타그램을 홍보나 정보 전달성 계정으로 운영한다면 카드뉴스, 포스터 등 콘텐츠를 만들어야 하는 경우가 생길 수 있다. 그럴 때마다 해당 콘텐츠에 삽입되는 이미지를 매번 내가 직접 찍은 사진들로 채워 넣는다면 가장 좋겠지만 간혹 주제와 부합되는 내 사진이 없을 경우 저작권을 위배하지 않고 무료로 다운로드받아 사용할 수 있는 '스톡 이미지stock image' 사이트를 알고 있다면 매우 편리할 것이다. 작가는 강의용 PPT 교안을 준비하면서 주제와 맞는 이미지를 찾을 때나 앞에 언급한 것과 같이 다양한 이미지 형 콘텐츠를 제작할 때 이용한다.

픽셀스 Pexels

무료 스톡 사진을 포함 무료 동영상도 제공해 주는 사이트로 사진과 영상 둘 다 필요할 경우 사용하면 좋다.

재능 있는 크리에이터들이 자료를 공유하는 곳으로도 유명한데 그에 걸맞게 고퀄리티의 사진과 영상들이 많이 준비되어 있다. 영상은 기본 FHD부터 간혹 4K 영상도 구할 수 있으며,

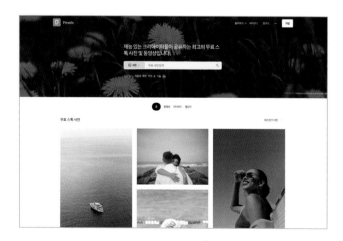

회원가입을 따로 하지 않아도 다운로드가 가능하다. 키워드 검색은 영문으로 해야 한다.

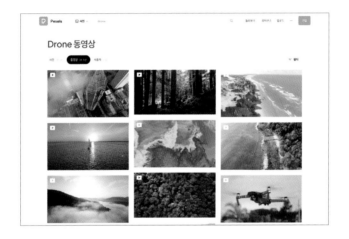

　키워드 검색 후 좌측 상단의 사진, 동영상 카테고리를 클릭하면 원하는 소스를 볼 수 있다.

픽사베이Pixabay

백만 개가 넘는 고해상도의 사진과 동영상을 제공해 주는 사이트다. 한글 검색이 가능하며 대부분 상업적 용도로 사용 가능한 사진들이지만, 그럼에도 불구하고 항상 라이센스를 잘 확인하도록 하자.

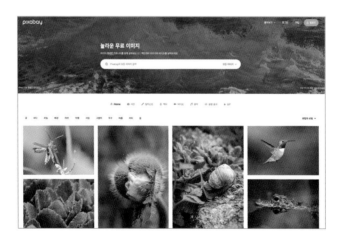

언스플래시Unsplash

무료 스톡사진 사이트로 수십만 개가 넘는 고해상도의 이미지를 무료로 배포한다. 주제별로 정리가 잘 되어 있으며 한글과 영문 모두 검색 가능하다. 다른 사이트와는 달리 감성적인 이미지들이 많아 인스타그램과 어울리는 사진들을 다운로드받을 수 있다.

스톡볼트 Stock Vault

2004년부터 운영하기 시작한 스톡계에서 전통 있는 사이트다. 현재 기준 약 15만 개의 무료 스톡 이미지와 일러스트레이터를 위한 벡터파일도 제공하고 있다. 오래된 사이트답게 카테고리가 잘 나뉘어 있으며 키워드만 설정하여 카테고리에 들어가면 된다. 한글 검색은 지원하지 않는다.

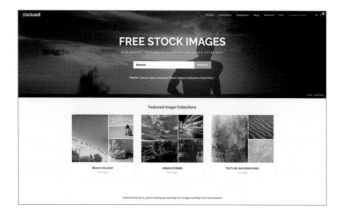

디테일하게 정리 되어 있는 카테고리

Burst

스톡볼트와 비슷하게 카테고리 정리가 잘 되어 있고 다른 스톡 사이트에 비하면 이미지 수가 적을 수 있지만 양질의 고퀄리티 자료만 선별되어 있다는 것이 특징이다. 그중 해상도는 타의 추종을 불허한다.

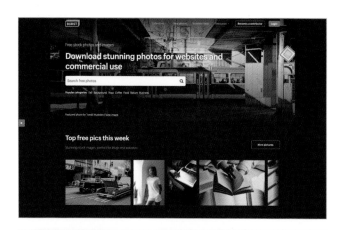

스톡볼트와 흡사한 카테고리

마지막으로 한국 사이트다. 한국저작권위원회에서 운영하는 사이트로, 기한 만료된 저작물을 제공하는 곳이다. 무료 이미지뿐만 아니라 동영상, 폰트, 서식까지 제공해 준다. 이미지는 160만 개 이상, 영상은 12만 개 등 상당한 자료를 가지고 있다. 일부 자료는 로그인을 해야 받을 수 있으며, 조선시대의 풍경사진들도 보유하고 있어 역사 자료와 관련된 콘텐츠를 만들 경우 유용하다.

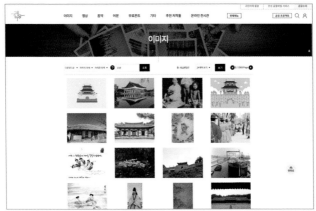

photograph ···

CHAPTER 8

345.532 views

개인 블로그
상세페이지

조회수와 매출로
이어지는 실사례

개인 블로그

FEED #1

이 책의 부제로도 확인할 수 있듯 작가는 한 장의 잘 찍은, 잘 찍어 준 사진 덕에 개인적으로 네이버 메인 노출, 아마존에서 1등 상품을 배출시킨 사례가 있다. 이 밖에도 네이버 스마트스토어 상세페이지 사진 및 기타 사례들이 있지만 대표 사례 두 개만 소개하고자 한다.

먼저 네이버 메인 노출 사례다. 작가는 당시 여자친구(현 아내)와 결혼을 약속 후 프랑스로 유학을 갈 계획을 하고 있었는데 결혼을 준비하는 과정부터 시작해 프랑스로 간 후 생활을, 한국에 있는 가족에게 소식을 전하고자 하는 순수한(?) 목적으로 네이버 블로그를 함께 운영했었다. 신혼 일기마냥 포스팅을 하다가 프랑스로 출국한 후에도 매일 소식을 전하는 글을 남겼다.

때는 지방에서 기초 어학연수를 마친 후 파리로 이사를 했었을 때다. 살 집을 알아보다 파리 근교에 조그마한 스튜디오

원룸을 계약을 했는데, 나름 첫 신혼집이기도 하고 평소에 인 테리어에 관심이 많았던 터라 와이프와 함께 기존 집에 있는 가구를 리폼하고 구조를 바꾸며 소품들을 배치해서 나름대로 인테리어를 했었다. 이 과정 역시 블로그에 포스팅을 했는데 이때도 노동과 시간을 들여 작업을 한 만큼 조금이라도 더 예 쁘게 소개하고 싶어, 가지고 있던 카메라로 정성스럽게 구도 를 맞춰 찍고 보정을 하여 사진의 퀄리티를 높여 보았다.

그렇게 포스팅을 하고 나서 며칠 후 아침에 일어나서 블로 그를 확인한 후 우리 부부는 두 눈을 의심했는데 상상하지 못 할 숫자가 투데이수로 찍혀 있었던 것이다. 아래 사진이 당시 조회수 및 방문자 수이고, 네이버 메인 노출 사진이다.

SNS를 하는 사람들이라면 알겠지만 꾸준한 포스팅과 프랑스 파리에서의 인테리어라는 눈에 띌 수 밖에 없는 콘텐츠라는 장점이 있지만, 만약 이때 사진을 수평도 안 맞추고 삐뚤게 찍거나 이상한 구도로 예쁜 공간의 가치를 떨어뜨렸다면 어땠을까? 이처럼 오로지 시각적인 요소로만 판단하고 볼 수밖에 없는 인테리어 포스팅이라는 카테고리에서 사진의 힘은 무시할 수 없다.

다음이 포스팅에 실렸던 사진들이다.

그리고 좋아요와 댓글 수

♡ 공감 499 ∨ | 💬 댓글 159 ∨

내용이 궁금하다면 해당 제목이 포스팅 제목으로, 검색해서 보길 바란다.

집 꾸미기

신혼집 온라인 집들이 / 파리 10평 원룸 꾸미기 / 셀프 인테리어 [프 랑스 유학생 부부]

이때를 기점으로 실제 파리에 살고 있는 유학생으로부터 인 테리어 의뢰를 받았고, 인테리어 플랫폼으로 유명한 '집꾸미 기'로부터 요청을 받아 해당 플랫폼에 이 글이 실리는 경험을 했었다.

그리고 현재 이 블로그는 작가의 브랜딩 계정으로 사용하고 있는데 이 포스팅을 기점으로 이미 조회수가 많고 노출이 잘 되는 최적화된 블로그로 평가받아 신혼일기 블로그에서 개인 브랜딩을 위한 블로그로 전환했을 때 글을 올리면 쉽게 노출 이 잘되는 효과를 톡톡히 보았다.

블로그든 SNS든 글과 사진, 키워드 등 종합적인 것들이 어우러져 최적화가 되고 이어 상위 노출이 잘되겠지만 그중 빼놓을 수 없는 것이 사진이고 따라서 사진이 매우 중요하다고 강의를 할 때나 만나는 사람들에게 늘 강조하고 있다.

위 사진들을 보면 느낄 수 있겠지만 대단히 독특한 구도를 쓴 것도 아니고 그저 평범하게 수평 수직을 잘 맞추고 깔끔하게 찍었을 뿐이다. 이미 다른 챕터들에서 반복하며 얘기한 부분들인데, 정말로 딱 기본만 잘 지키면 누구나 쉽게 좋은 사진들을 찍을 수 있다.

상세페이지

사진이 빠질 수 없는 또 다른 영역이 바로 상세페이지다. 개인 오프라인 매장이든 온라인 매장이든 제품 사진은 꼭 필요한데 이것 역시 화려한 기교 없이 정석대로 기본만 지켜 주면 누구 나 상위권에 링크될 수 있는, 그리고 사람들 눈에 잘 띄는 사진 들을 촬영할 수 있을 것이다.

작가는 현업에서 사진 일을 하고 있고, 스튜디오를 운영하 면서 인물뿐만 아니라 제품 사진들도 촬영하고 있는데, 대표 적 사례로 미국 아마존에서 마스크 부문으로 판매 1위를 한 제 품을 촬영한 경험이 있다.

부문 1위를 한 만큼 월 최대 매출 1억을 달성했으며 이 사례로 인해 다른 업체들로부터 의뢰를 받아 다양한 제품을 촬영하고 있다. 이 사진 역시 대단한 기교 없이 기본적인 조명 세팅과 망원렌즈를 사용하고 구도를 적용하여 촬영하였다. 제품을 판매하고자 할 때는 제품이 잘 보이는 것이 가장 중요하기 때문에 특별한 의도가 있지 않은 이상 제품 옆에 화려한 소품들을 정신없이 배치하고 제품이 왜곡되어 보이는 렌즈를 사용하는 등의 불필요한 것들은 최대한 덜어내길 바란다.

그 밖에 작가가 촬영한 상세페이지 제품 사진들

엠팩플러스 전속모델
금메달 리스트 **이용대**

믿고 쓰는 #이용대링 #아이스링

국가대표 이용대 PICK

인테리어 사진부터 상세페이지 사진까지 보며 확인할 수 있듯이 일상에서 또는 소규모로 내 제품을 홍보하고 판매할 때 대단한 기교와 스킬은 전혀 필요하지 않다. 앞 챕터들에서 알려 주는 조명, 구도, 렌즈 이 세 가지만 완벽하게 이해하고 있다면 누구나 쉽게 SNS에서 돋보이고, 나와 내 제품을 알릴 수 있는 사진을 충분히 만들어 낼 수 있다.

끝으로 이 책을 구매한 여러분을 위해 드리고 싶은 말이 있다. 좋은 사진을 찍기 위해서는 꼭, 먼저 이 책에 있는 내용을 전부 마스터하고, 좋은 사진들을 많이 찾아보며, 내가 좋아하는 구도, 색감 등을 연구하고 연습하길 바란다. 그러다 보면 어느 순간 나만의 시선이 생겨나고 '좋아요'도 많이 눌려 있는, 매출이 상승하는 순간을 누리게 될 것이다.

지금까지 인스타그램 상에서 퍼스널 브랜딩을 위해 인스타그램 기초부터 인물사진, 음식사진, 풍경사진 등 각 카테고리별로 촬영할 때 어떤 렌즈를 선택하고 빛과 조명은 어떻게 설정하며, 어떻게 좋은 구도를 잡는지 등을 알아보았습니다.

또한 스냅시드와 VSCO 스마트폰 어플을 활용하는 방법을 통해 인스타그램에 업로드했을 때 '좋아요'가 더 많이 눌리는 사진을 제작하는 법도 배웠습니다.

사진은 인스타그램에서 매우 중요한 요소입니다. 여러분의 사진이 인스타그램에서 돋보이게 하려면 이 책을 통해 배운 지식을 활용하여 많이 찍어 보고 보정하는 연습도 중요하지만 기본에서 나아가 각자 개성을 발휘하여 나만의 스타일을 만들고 본인만의 브랜드 이미지를 구축하려는 노력이 중요합니다.

사진은 단순한 기록이나 이미지가 아닌, 여러분의 이야기와 감정을 담아낼 수 있는 콘텐츠입니다. 인스타그램에 업로드하는 사진 하나하나가 본인의 개성과 브랜드를 전달할 수 있는 작품이 되기를 바랍니다.

또한 인스타그램에서 팔로워들과 소통하고 서로의 피드를 통해 영감을 주고받으며 성장하고, 퍼스널 브랜딩을 강화하길 바라겠습니다. 그리고 여러분이 배운 지식과 기술을 주변 사람들과 나눠주세요. 그것이 바로 사진의 진정한 가치가 되기 때문입니다.

이 책을 읽은 여러분이 사진의 재미를 알아 가고, 스쳐 지나가던 자신의 일상을 자세히 들여다보고 기록하면서 세상을 바라보는 눈이 조금이나마 달라지기를 바라며 끝마치겠습니다.

고객의 행동을 유도하는
인스타그램
사진 잘 찍는 법

1판 1쇄 펴낸 날 2023년 7월 18일

지은이 박찬준

펴낸이 나성원
펴낸곳 나비의활주로

책임편집 박선주
디자인 BIGWAVE

주소 서울시 성북구 아리랑로19길 86
전화 070-7643-7272
팩스 02-6499-0595
전자우편 butterflyrun@naver.com
출판등록 제2010-000138호
상표등록 제40-1362154호
ISBN 979-11-93110-06-5 03320